AF244828

L'Émeute

DES

LANTURELUS

A DIJON EN 1630

PAR

CUNISSET-CARNOT

PROCUREUR GÉNÉRAL PRÈS LA COUR DE DIJON

DIJON

DAMIDOT FRÈRES, LIBRAIRES-ÉDITEURS

1897

L'ÉMEUTE DES LANTURELUS

A DIJON EN 1630

JUSTIFICATION DES TIRAGES :

Imprimé à 100 exemplaires sur papier vergé.
— 6 — — du Japon,
— 6 — — de Chine,
— 6 — — Whatman,
— 6 — — parcheminé,
— 6 — — hollande,
— 2 — — parchemin.

L'Émeute

DES

LANTURELUS

A DIJON EN 1630

PAR

CUNISSET-CARNOT

PROCUREUR GÉNÉRAL PRÈS LA COUR DE DIJON

DIJON

DAMIDOT FRÈRES, LIBRAIRES-ÉDITEURS

1897

L'ÉMEUTE DES LANTURELUS A DIJON
EN 1630 (1)

L create ou la confirmation des *États*, dans les provinces réunies à la couronne, fut, en quelque sorte, la rançon de leur annexion. Fondée sur ce principe que chaque province doit demeurer maîtresse des sacrifices qu'elle consent dans l'intérêt général du royaume, et sur l'idée moderne, mais qui s'est déjà précisée en quelques circonstances avant le quinzième siècle, qu'un peuple doit disposer de sa

(1) Hanotaux, *Histoire de Richelieu*, passim. — Archives municipales de Dijon. Registre de la Chambre de Ville.

propre destinée, les États donnaient, aux pays qui en étaient pourvus, l'illusion d'une certaine autonomie et d'un reste d'indépendance. Mais cette parcelle d'autorité, distraite, pour ainsi dire, du pouvoir royal, ne tarda pas à porter ombrage à celui-ci, et la lutte entre les rois qui conçurent l'unité française, et les États qui tournaient toute leur activité à l'extension de leurs prérogatives, ne pouvait manquer de s'engager.

L'esprit étroit et particulariste des pays d'État tenait en perpétuel échec, et souvent d'une façon inintelligente ou même dangereuse, les efforts de la couronne, dont les aspirations, il faut bien le reconnaître, avaient pour but permanent, bien que de second plan parfois, l'unité de la France et la grandeur de la patrie. — Comme exemple typique de la résistance des États, n'avait-on pas vu, en 1610, ceux de Normandie protester violemment contre les améliorations proposées par Sully, qui voulait créer un vaste réseau de bonnes routes à travers tout le royaume, « élargir et esplanader les chemins ! » Ces résistances furent sévèrement jugées par Henri IV, après qu'il se fut heurté au refus de subsides que lui opposèrent, « dans le péril national, » les États de Provence et ceux de Guyenne. « Il me semble, s'écrie-t-il, que le temps n'est pas propre à de telles assemblées, lesquelles ordinairement tendent

plus à décharger mes sujets de dépenses qu'à me forti-
fier et assister dans mes affaires ! »

Richelieu juge les choses comme Henri IV ; comme
lui il sent l'avantage et la nécessité de substituer les
Élections aux États ; mais le pouvoir central s'est
fortifié, et le cardinal est mieux armé que le roi de jadis
pour ramener toutes les provinces à l'unité, aussi
va-t-il tenter de l'entreprendre ouvertement et énergi-
quement. Il connait les obstacles, au premier rang
desquels se trouve la convention passée, le droit juré
entre la royauté et les provinces. Il n'est pas homme
à s'embarrasser de ces difficultés ! La violation du
pacte consenti donnera à ceux qui résisteront la légiti-
mité et la justice de la lutte, peu importe ! L'intérêt
supérieur de l'unification de la France justifiera tout.
« Les esprits élevés, les hommes de gouvernement,
ceux qui avaient mis la main aux affaires, savaient,
dit M. Hanotaux, qu'en raison des distinctions qui
existaient entre les provinces, toute mesure d'ordre
général était impossible à prendre dans le royaume, »
et que « la royauté devait être poussée par la convic-
tion d'un devoir supérieur à remplir, et par le sentiment, en quelque sorte instinctif, que, malgré tant de
plaintes, de protestations et de reproches, elle était en
communauté de vues avec la majorité du pays ; et l'on

est amené à penser, par une étude attentive des faits,
que les tendances générales du pays étaient en désac-
cord, sur ce point, avec l'esprit particulariste qui ani-
mait les classes et les corps directement intéressés au
maintien des États. »

Les gens peu éclairés soutiendront les États, qu'ils
considèrent comme un signe et un instrument de
liberté. Ce n'est qu'à la fin du siècle suivant qu'ils les
verront sous leur véritable jour, c'est-à-dire comme
des intermédiaires oppressifs entre le peuple et la
royauté. Aussi, la lutte qui va s'engager sera sérieuse :
des troubles se produiront, des désordres se déchaî-
neront, des résistances, même matérielles, auront lieu,
qui ne seront pas sans danger pour la sécurité du
royaume.

Ces événements sont peu connus et la bibliographie
qui les concerne est sommaire. Nous savons cependant
à peu près comment les choses se sont passées en Bourgogne, et c'est le récit succinct de cette émeute dési-
gnée par l'histoire locale sous le nom de sédition
« des Lanturelus », que nous allons tenter ici.

Dans l'après-midi du 29 janvier 1629, un groupe

nombreux et brillant de cavaliers, qui entourent de magnifiques carrosses, se dispose à faire son entrée dans la ville de Dijon, par la porte Guillaume, qui s'ouvre sur la route de Paris. Ce n'est rien moins que le roi Louis XIII, sa cour, et son état-major, qui vont entrer incognito dans la place. Incognito de convention, bien entendu, car, n'est-ce pas. Sa Majesté ne se déplace point ainsi sans que tout le monde en soit avisé ! Mais on n'a pas l'air de savoir : le canon ne tonne pas, les cloches sont muettes, et, hormis quelques vivats discrets, la population, massée sur tout le parcours du cortège, se tient, par ordre, absolument tranquille.

Le roi est fatigué, il a fait une longue étape, il veut diner sans cérémonie et se reposer. Le lendemain, à trois heures, il ressortira de la ville, rebroussera chemin jusqu'à la Chartreuse, et fera alors, avec toute la pompe usitée, son entrée solennelle. C'est ainsi qu'en usent encore les généraux qui prennent possession de leur commandement, et les prélats qui s'installent sur leur siège.

Aussi, le 30 janvier, ce fut une autre affaire ! Le roi avait bien, dès le commencement du mois, écrit aux Dijonnais « qu'il était pressé et ne s'arrêterait guère », puisqu'il avait hâte d'arriver en Italie pour y prendre le commandement de l'armée, et « qu'au surplus, il

ne voulait pas induire leur ville en dépenses », les échevins n'en avaient tenu compte, et s'étaient préparés à
faire les choses magnifiquement.

D'abord on renouvela les enseignes des paroisses,
ainsi que les uniformes des tambours et des fifres ; on
augmenta le nombre de ceux-ci en priant les villes
voisines de prêter leurs musiciens ; on arma toute la
population valide, et l'on faillit même accepter les
propositions d'un certain normand, dont le nom ne
nous est pas parvenu, qui offrait d'apprendre à toute
la ville l'exercice militaire en masses compactes, ce
qui charmerait à coup sûr le roi, grand amateur de
spectacles guerriers ! — On décida de pavoiser les
rues, de les tendre de tapisseries, d'élever cinq arcs
de triomphe, et l'on convoqua tous les poètes du crû,
— Dieu sait s'ils ont jamais manqué en Bourgogne, —
pour rédiger au concours les inscriptions et devises
qui orneraient ces arcs !

Le zèle était extrême, et tout marchait à souhait,
quand survint une anicroche. On avait confié la cons-
truction et la décoration des arcs « aux bons sculpteurs
Dubois et Collet, aux bons peintres et architectes
Quantin, Dohez et Recouvrance », lesquels, un peu
« rétifs et mauvaises têtes », se mirent, quand tout
était bien en train, à faire un *monopole*, c'est le nom

qu'on donnait alors à ce que nous appelons aujour-
d'hui une grève. Trouvant insuffisant le salaire qui
leur était alloué par la ville, ils plantèrent là les
arcs et les estrades, et refusèrent de continuer. Mais,
en ce bon vieux temps, les moyens de terminer une
grève, pour être moins parlementaires que les nôtres,
étaient plus expéditifs. Au lieu d'appeler les grévistes
devant le bailli, pour y entamer des conférences à la
manière actuelle, le maire mit en prison Quantin et
Recouvrance, qui paraissaient les meneurs, et menaça
d'en faire autant aux autres. Le lendemain tout le
monde était à l'ouvrage, et tout se trouva prêt à
l'heure quand le roi arriva.

Lorsque le 30 janvier, à trois heures après midi, le
cortège se mit en marche, tout se passa à merveille.
Présentation des clefs de la ville au roi, harangues du
Parlement, bonnes réponses du prince, défilé des
seize cents hommes de la milice bourgeoise en belle
ordonnance, le programme fut absolument réussi. —
On arriva à l'église Saint-Bénigne en traversant des
rues encombrées d'une population littéralement folle
de joie, au milieu des acclamations et des vivats. Là,
le roi reçut le serment du maire, qui, très respectueu-
sement, le pria aussitôt de jurer sur l'évangile, au
maître-autel, comme les rois et les ducs, ses prédéces-

seurs, l'avaient toujours fait, à leur première entrée dans la ville, la conservation des franchises et des privilèges de celle-ci.

Louis XIII ne jura pas !

Il se contenta de dire au maire qu'il eût à montrer les chartes à Richelieu, et qu'il promettait de les conserver. Ceci jeta un froid ! Le menu peuple, les badauds continuèrent leurs bruyantes acclamations, mais les gens réfléchis n'augurèrent rien de bon de ce procédé du roi, et les germes d'un mécontentement sérieux se levèrent dans leur esprit.

Certes, la province était royaliste ; le sentiment de la patrie française y était vif, et il n'y avait pas de meilleurs patriotes que les Bourguignons. Ils le prouvèrent bien toutes les fois qu'il s'agit de tenir tête aux invasions ennemies ; mais il y avait chez beaucoup d'entre eux un petit fond, nous dirions d'irrédentisme, si le mot ne devait paraître un peu fort. L'annexion de la province, sous Louis XI, s'était faite, en somme, après la mort de Charles le Téméraire, sans trop de difficultés. Néanmoins, les partisans de la princesse Marie avaient conservé des espérances pendant longtemps, et, sans admettre désormais, c'était certain, la possibilité d'une séparation d'avec la couronne, plus d'un Bourguignon rêvait encore, au dix-septième

siècle, d'une province à peu près maitresse de ses des-
tinées, d'une Bourgogne perpétuant seule, dans une
sorte d'indépendance assez indéfinissable d'ailleurs, les
longues traditions de gloire qu'elle tenait de ses « grands
ducs d'Occident ! »

Aujourd'hui encore, il n'est pas si rare qu'on le
pourrait supposer de rencontrer des Bourguignons
convaincus, qui regrettent l'absorption totale et défi-
nitive de leur pays par la France. Ils croient que leur
art local, si personnel au quinzième siècle, que les let-
tres dijonnaises si brillantes alors, que la civilisation
bourguignonne tout entière, en un mot, si elle s'était
développée dans une complète indépendance, au lieu
de se fondre dans la renaissance générale, aurait pu
influencer le mouvement de celle-ci, en l'amplifiant,
et en lui ajoutant un incomparable éclat.

Ce sentiment, vaguement particulariste, fut profon-
dément froissé par la conduite de Louis XIII. Rien n'en
parut cependant sur le moment. La réception qu'on lui
fit fut splendide, les présents qu'on lui donna furent
magnifiques, mais il ne reçut pas l'offrande des cœurs !
S'en aperçut-il, et sa Cour avec lui, au milieu des manifestations bruyantes qui marquèrent son séjour à
Dijon ? Rien ne permet de le supposer.

Après la campagne d'Italie, Louis XIII tourna contre

les huguenots ses forces réorganisées. Dijon, qui ne lui gardait pas rancune, lui préta même deux couleuvrines qu'il emmena au siège de Privas. Lorsque cette place eut été emportée d'assaut, et saccagée, le roi rentra à Paris, laissant Richelieu dans les provinces du Midi pour en achever la pacification. Il y parvint promptement, et comme il se vit, pour le moment du moins, débarrassé des plus grosses affaires intérieures, il jugea que l'heure était venue de procéder, par l'abolition des États, à la réforme unitaire qu'il méditait depuis longtemps, d'accord avec le roi, et dont l'attitude de celui-ci, quand il avait refusé de jurer les franchises de Dijon, avait été une sorte d'indication. Richelieu commença par le Languedoc, dont les États, grâce au mécontentement qu'ils lui avaient causé durant les derniers troubles, attirèrent les premiers la foudre sur leur tête. Il les supprima et les remplaça par des *Élus* La mesure passa sans difficulté, et sans résistance. Il résolut alors de la généraliser immédiatement, et ce fut le tour de la Bourgogne ; un édit de juin 1629 abolit ses États et la partagea en dix élections.

Le mécontentement fut extrême. On s'organisa pour la résistance. La Chambre des Comptes, malgré son secret désir, n'osa pourtant pas enregistrer l'édit, bien qu'il augmentât son importance en étendant ses attributions. Cela donna du temps. On dépêcha au roi députations sur députations, qui lui présentèrent d'humbles mais fermes remontrances, sans guère en obtenir que de vagues promesses d'examiner à nouveau la question, d'incertaines concessions sur une tenue des États, qui eut lieu en novembre, et des ordres contradictoires sur leurs travaux et ceux de la Chambre des Comptes. Bref, le pouvoir tint en cette affaire, et à ce moment, une conduite peu nette, mal dessinée, pas assez franche, dont le résultat fut tel qu'on le pouvait attendre. La province passa par des alternatives d'espoir et de découragement, bien propres à échauffer les esprits, à les aigrir, et à les amener au point où les solutions violentes n'apparaissent plus comme des impossibilités.

Bientôt, les choses furent mises au pis par le retour du maire Euvrard, qui était allé faire une dernière tentative auprès de Richelieu. Il revint le 19 février 1630, assembla la Chambre de ville et lui apprit que toute chance de faire revenir le roi sur l'édit de 1629 était définitivement perdue, car le gouvernement, dans sa volonté « de rendre toutes les provinces uniformes », avait rejeté les propositions des États.

Alors un trouble extrême s'empara des esprits. Déjà,

au milieu de janvier, un mouvement d'opinion s'était dessiné; déjà Euvrard avait dû, de Paris, écrire aux échevins de s'employer à calmer l'effervescence qui grandissait; déjà le duc de Bellegarde, gouverneur pour le roi, avait mis les magistrats municipaux en demeure « de contenir les esprits remuants et factieux, qui, en se perdant, envelopperaient infailliblement dans leur perte les gens de bien et même les innocents ». A la nouvelle apportée par le maire, il ne fut plus possible d'arrêter le mouvement.

Il se dessina nettement contre la Chambre des Comptes et le Bureau des Finances. On les accusa d'avoir poussé en dessous le gouvernement à l'édit des Élections, tant pour grossir leur propre importance, que pour avoir une part dans les bénéfices que lèveraient les traitants avec les nouveaux impôts. Tout le poids de la colère publique retomba sur ces deux compagnies. Elle ne s'y serait peut-être pas dirigée avec tant de violence et tant de promptitude, si les terribles rancunes du Parlement contre la Chambre des Comptes n'avaient trouvé là une occasion de s'assouvir.

Combien nous sommes loin de ces temps et de ces mœurs! Nous avons peine à nous figurer leur rudesse, et nous n'imaginons pas comment des assemblées composées des personnes les plus considérables, les plus riches, de la meilleure éducation d'alors, en arrivaient à un tel état d'hostilité, et perdaient si bien toute mesure, qu'on voit par exemple, en 1626, à propos du refus par le Parlement d'enregistrer l'édit qui érigeait la Cour des Comptes en Cour des Aides, Messieurs de la Chambre des Comptes attendre, à la sortie du Palais, Messieurs du Parlement, avec des pistolets qu'ils leur mirent sous la gorge, en les menaçant de mort s'ils n'enregistraient pas l'édit !

En 1630, les parlementaires n'avaient pas oublié leurs terreurs, et ils n'avaient point encore pardonné à ceux de la Chambre des Comptes de les leur avoir causées. Aussi, loin de faire l'apaisement, ce qui eût été leur devoir, loin de chercher à calmer le peuple, ce qui eût été leur intérêt, ils profitèrent de la crainte si vive des petits pour les nouveautés, surtout quand elles menacent leur bourse, et semèrent l'affolement. Ils montrèrent les impôts anciens augmentés, de nouveaux prêts à surgir, ces aides sur le vin, redevances partout odieuses, mais particulièrement en horreur à une population pour laquelle la vigne a été de tout temps la grande nourricière, dans les acceptions les plus diverses et les plus complètes de ce mot !

Ceux du Parlement poussèrent l'imprudence plus

loin : ils prononcèrent des noms, et, devant cette sédition qui allait se lever, que les moins clairvoyants auraient été inexcusables de ne pas sentir prochaine, ils
laissèrent deviner au peuple quelles devraient être ses
victimes ! Celui-ci, malheureusement, n'avait déjà plus
besoin des excitations venant de si haut. Comme il
arrive dans les moments de trouble où les imagina-
tions promptes à s'enflammer accueillent avidement
les pires nouvelles, et semblent les préférer à toutes
autres, on n'entendait que prédictions sinistres sur
les calamités qui allaient accabler la ville, que récits
fantastiques sur les projets de la Cour et du roi ! Comment allait-on faire face aux charges nouvelles, comment même allait-on pouvoir vivre sous le poids des
impôts créés, avec tout ce que l'on supportait déjà de
lamentables misères !

Des groupes s'assemblaient aux carrefours, qui, à
voix basse, mais avec une animation facile à voir,
commentaient les événements, et renchérissaient à
plaisir sur les menaces du lendemain. La Chambre de
ville fit bien quelques patrouilles qui dispersèrent les
rassemblements, mais ceux-ci se reformaient une fois
les miliciens bourgeois passés. Cette police était sans
action. Tenait-elle à en avoir beaucoup, c'est peu
probable. Les bons Dijonnais avaient encore sur le

cœur le refus de serment de Louis XIII, et s'il arrivait quelque affront à l'autorité royale, plus d'un, loin d'être prêt à l'empêcher, pensait au fond que ce serait bien fait.

Courtes vues, assurément. Que pouvait amener une sédition, si ce n'est une répression impitoyable? La partie n'était plus égale. Il n'y avait plus de Bourgogne militaire depuis que le Téméraire avait été assassiné par les Lorrains, et en supposant même que la sédition s'étendît à toute la province, qu'y pouvait-on gagner? Des coups! Mais le plaisir de faire pièce à la royauté, de donner une leçon à l'autorité, de jouer à la mauvaise tête! Aussi, sans pactiser pourtant avec les meneurs du peuple, sans se mêler aux rassemblements, les bourgeois regardaient en curieux bénévoles le mouvement qui se préparait, et les mesures qu'on aurait pu prendre ne furent pas sérieusement appliquées. — D'un côté donc le peuple furieux, convaincu comme il l'est toujours quand son intérêt est en jeu, prêt à toute extrémité pour défendre son argent et ses droits, de l'autre une bourgeoisie frondeuse, mécontente aussi pour plus d'une raison, disposée à laisser aller les choses et à regarder faire.

Tout à coup, dans la journée du 27 février 1630, le bruit se répandit, on ne sait comment, ni sur quel fon-

dement, que la Chambre des Comptes devait enregistrer l'édit des Élections le lendemain. A cette nouvelle,
les vignerons se levèrent, résolus d'empêcher par la
force ce qu'ils considéraient comme une violation de
leurs droits. A la nuit tombante, ils quittèrent le quartier
Saint-Philibert, qui leur était presque exclusivement
réservé, reçurent des renforts de ceux d'entre eux qui
habitaient le quartier des Champs, et vinrent à l'Hôtel
de ville.

La bande était bien organisée. En tête marchait « le
roi Machas ». Le porteur de ce beau nom était Anathoire Changenet, de ces Changenet dont les descen-
dants vivent encore aujourd'hui à Dijon, famille de
vignerons aussi vieille que la vigne elle-même en cette
terre de Bourgogne. C'était, cet Anathoire, un gaillard
solide, d'une haute stature et d'une force herculéenne.
Il avait été valet d'armée, c'est dire qu'il était propre
à tout faire. Pourquoi l'appelait-on le roi Machas? Les
textes de l'époque ne le disent pas. Il avait, pour la
circonstance, revêtu un costume extraordinaire : il
était couronné de lierre et portait un manteau aux
vives couleurs. Devant lui marchaient quatre tambours
vêtus des loques du carnaval qui venait de finir. Derrière, un premier peloton de gens armés de hallebardes,
de pieux et d'échalas aiguisés, s'avançaient au pas,

rythmant leur marche sur un air de vaudeville très populaire alors, dont le titre et l'un des refrains étaient « Lanturelu (1)! » Venait ensuite une foule en désordre où les femmes dominaient, avec, bien entendu, tous les gamins de la ville faufilés au travers.

Tout ce monde fit quelques démonstrations devant la maison de ville, chanta, cria, mais sans grand désordre, ce qui fit que la municipalité ne jugea pas à propos d'intervenir. Voyant cette inaction, les vignerons s'enhardirent ; ils se crurent tolérés, approuvés peut-être. Des cris alors, ils passèrent aux menaces, des menaces aux actes. Ils se rendirent devant l'hôtel de Nicolas Gagne, trésorier de France, un des promoteurs avérés de l'édit, criblèrent de pierres la porte et les fenêtres, et ne parlèrent rien moins que de brûler vif ce fonctionnaire dans sa maison. Comme le logis demeurait obstinément fermé, et qu'ils ne trouvèrent pas à qui s'en prendre, ils quittèrent la place pour se rendre derrière l'église Saint-Michel, où ils tinrent un long conciliabule en vue de la journée du lendemain. Puis, les uns montèrent aux remparts, appelèrent ceux des faubourgs et les mirent au courant de ce qui se passait, tandis que d'autres, ne doutant vraiment de

(1) C'est ce cri qui a donné à l'émeute le nom sous lequel elle est connue dans l'histoire.

rien, allèrent sommer le maire Euvrard de leur livrer les clefs des portes pour faciliter l'entrée de leurs amis du dehors. Euvrard, parait-il, hésita un moment; mais il eut la raison de refuser.

En tout cela, rien de positivement grave ne s'était encore passé. La Chambre de ville serait alors venue aisément à bout de l'émeute, si elle l'avait voulu. En mettant seulement une paroisse sous les armes, tout serait rentré dans l'ordre. Elle sentit si bien plus tard la responsabilité que son inertie, au début de l'affaire, faisait peser sur elle, que les procès-verbaux municipaux de ce qui arriva sont muets sur cette soirée du 27. — L'attitude du Parlement fut semblable. En temps ordinaire, Messieurs eussent bondi sur leurs sièges, mandé le maire à leur barre, et ordonné les mesures qu'il fallait prendre. Mais, tout à leur rancune, voyant que l'émeute se tournait seulement contre la Chambre des Comptes, humiliés encore des pistolets de 1626, Messieurs demeurèrent en leur logis, faisant la sourde oreille ! Ils devaient cruellement s'en repentir !

Le roi Machas et ses sujets n'étaient pas si dénués de sens qu'ils ne comprissent la signification des choses. Ils se sentirent soutenus, et, comme le dit un écrivain de l'époque, « par d'aussi gros bonnets que ceux qu'ils voulaient brusler ». Ils ne doutèrent plus qu'ils pourraient assouvir leurs colères sans courir trop de risques, et dès lors ils perdirent toute mesure.

Le lendemain 28 février, dès le matin, Machas envoya des hommes aux beffrois de Saint-Philibert et de Saint-Michel : le tocsin sonna. A son appel tous les « tumultuants » se réunirent au quartier de Saint-Philibert, où vinrent aussi ceux des faubourgs, en passant avec des échelles par dessus les remparts. Bientôt, Machas eut plus de six cents hommes derrière lui. Alors il ne les amusa plus par des chansons ; il les arma, les mit en ordre et les conduisit de rechef tout droit chez le trésorier Gagne. Celui-ci était absent ; sa mère était seule au logis. Doucement ils la mirent dehors, puis ils démolirent la toiture de la maison, arrachèrent les portes et les cloisons, descendirent dans la rue tout ce qu'ils trouvèrent, bijoux, tentures, meubles, tableaux, livres, etc., et y mirent le feu sans dérober un seul bibelot. Là périt cette admirable bibliothèque des Gagne, formée par quatre générations d'érudits, et connue, à l'époque, pour une des plus belles de France. — Autour du feu, les vignerons battaient le tambour, et dansaient avec leur « Lanturelu ! Lanturelu! » La foule regardait faire, à peine étonnée, intéressée plutôt, et aussi un peu amusée, comme si elle eût assisté à l'exécution de quelque arrêt régulier.

Quand ce fut fait de la maison Gagne, les émeutiers, qui procédaient avec ordre, se divisèrent en deux troupes, et allèrent aux plus voisins. Les uns vinrent rue Saint-Nicolas, chez Chrétien Martin, avocat du roi à la Table de Marbre, pour y opérer comme à l'hôtel Gagne. Les autres se rendirent chez le Président Legrand, qui, heureusement pour lui, était alors à Paris. Deux enfants tout jeunes, qu'il avait, étaient seuls à la maison, avec les domestiques. On les fit sortir sans mauvais traitements, puis la destruction de l'hôtel fut conduite aussi méthodiquement que celle des logis Gagne et Martin. Avec cette différence aggravante pourtant, que si l'on ne pilla pas le mobilier et les objets précieux, les vignerons étaient trop bons bourguignons pour détruire sans profit l'excellente cave du Président. Tonneaux et flacons furent amenés dans la rue et consciencieusement vidés.

Les choses, de ce moment, prirent plus dangereuse tournure. Ivres de vin plus encore que de leur facile triomphe, les gens de Machas se crurent les maîtres incontestés de la ville. Alors il arriva ce qui arrive toujours quand l'autorité, méconnaissant son devoir, ne réprime pas avec énergie les premières manifestations du désordre. Les minorités factieuses ont pour elles l'audace, l'élan donné, la force des passions exaspérées.

Toute société qui hésite devant elles et n'élève pas son courage jusqu'à la hauteur d'une prompte et vigoureuse défense, s'expose par sa faute aux pires catastrophes.

Euvrard et ses échevins pouvaient, du balcon de la maison de ville, voir les flammes des incendies et entendre les cris des émeutiers ; cependant ils hésitèrent. Dès lors le triomphe du désordre était assuré, et un mouvement, qui pouvait être si aisément étouffé à ses débuts, allait prendre de telles proportions que l'on n'en viendrait plus à bout sans les plus grands efforts.

Le sort voulut que le marquis de Mirebeau, commandant militaire, et le duc de Bellegarde, gouverneur de la province, fussent tous deux absents. Devant l'inaction de la mairie rien ne s'opposait donc plus aux progrès des insurgés. On essaya bien contre eux d'une démonstration pacifique ; elle eut le sort invariablement réservé aux tentatives de ce genre. Euvrard sortit de l'hôtel de ville avec quelques échevins ; plusieurs membres du Parlement se décidèrent à suivre ; devant marchaient les huissiers de la ville pour donner plus d'apparat à la démonstration. Mais lorsqu'on prit contact avec les vignerons et que les orateurs commencèrent leurs harangues, ils furent reçus à coups de pierres, et n'eurent que le temps de regagner la maison de ville, « plus vite que le pas », dit un témoin oculaire !

De ce moment, la sédition était victorieuse et maîtresse de la cité. Des événements de la dernière gravité allaient se produire. Aux clameurs sans grande conséquence, poussées jusque-là par les vignerons, succédèrent des vivats qui avaient une signification bien autrement dangereuse, et que les émeutiers, il faut le dire, n'étaient plus seuls à proférer. On commença d'entendre, de différents côtés, les cris de : « Vive l'empereur ! » c'est-à-dire : « Vive la maison d'Autriche, héritière de Marie de Bourgogne ! » Et, pour affirmer le sens de ces cris, des gens tiraient des maisons le portrait de Louis XIII, et le brûlaient dans la rue !

La foule qui regardait faire devint sérieuse, mais sans hostilité, sans désir d'intervenir, se demandant à peine comment tout cela finirait, sans songer qu'après des faits de cette nature, l'autorité royale ne pourrait plus pardonner et que tous les habitants de la ville supporteraient en bloc le poids des représailles.

Machas triomphait. En bon émeutier qui connaît la psychologie de la foule, et la stratégie de l'insurrection, il sentit que si la mollesse des bourgeois lui donnait tout le temps de se retourner, il devait pourtant se hâter de frapper, pour conserver les avantages acquis, et arrêter par la terreur toute velléité d'intervention. Il pouvait impunément diviser ses forces, puisque nulle attaque ne le menaçait. Il partagea donc ses gens en plusieurs groupes, avec des missions déterminées, qu'ils accomplirent d'ailleurs fort consciencieusement. Une bande fut lancée sur la maison de M. Joly de Bévy, conseiller des États ; une autre entreprit le siège de celle de M. de Villemeureux, conseiller correcteur à la Chambre des Comptes ; d'autres attaquèrent le logis de M. Legoux de la Berchère, conseiller au Grand Conseil. Ces derniers furent pourtant détournés de leur entreprise par la courageuse intervention du trésorier Soyrot, de sa femme et de l'avocat Bossuet, père du grand Bossuet, qui leur barrèrent hardiment la route, et les haranguèrent si bien, que, renonçant à leur projet, ils laissèrent là l'hôtel Legoux, puis, ne sachant plus trop où aller, profitèrent de la proximité où ils s'en trouvaient pour courir au logis de M. Richard, Élu du roi en Bourgogne, qui demeurait par là. Ce malheureux financier fut pris d'une terreur indicible. N'osant pas résister, n'osant même pas fuir, dans la crainte d'être poursuivi, quand les vignerons arrivèrent, il sortit de sa maison, se mit humblement à genoux devant la porte avec ses sept enfants, et demanda grâce de la vie aux émeutiers. Malgré cela on allait lui faire un mauvais parti, mais un homme, touché de l'attitude et des protestations du suppliant, fit observer que si Richard, au lieu de fuir, était resté dans sa maison avec toute sa famille, c'est qu'il avait la conscience tranquille, sans quoi il ne se serait pas exposé sans défense à la juste colère du peuple ! Ce raisonnement eut prise sur la bande, qui épargna le pauvre Élu. Mais elle ne voulut pas quitter le quartier sans y avoir fini sa besogne pendant qu'elle y était. Elle se précipita chez le Premier Président du Parlement, Legoux de la Berchère, cousin du conseiller, qui logeait tout à côté.

Ceci devenait autrement grave que tout ce qui s'était passé jusqu'alors. L'émeute changeait de caractère; au lieu de s'en prendre aux seuls financiers, partisans de l'édit, connus ou soupçonnés, voici maintenant qu'elle allait atteindre les hauts dignitaires du Parlement eux-mêmes. D'une affaire particulière, pour ainsi dire, les « tumultuants » faisaient une querelle générale contre les grands et les riches : le désordre devenait une insurrection !

Il est vrai que tout en reconnaissant l'hostilité du Parlement envers la Chambre des Comptes, on alléguait que certains parlementaires faisaient tache dans

la compagnie et que le Premier Président, notamment,
était en secret tout dévoué à l'édit. On le soupçonnait
encore d'avoir personnellement dissuadé Louis XIII de
jurer à Saint-Bénigne les franchises de la ville. Il n'en
fallait pas tant pour attirer sur le premier magistrat de
la province les colères d'une foule livrée à ses passions.
L'hôtel présidentiel fut saccagé.

Simultanément, d'autres bandes opéraient ailleurs
avec la même impunité et de la même façon. L'une
pillait l'hôtel de M. de Loisie, Président de la Chambre
des Comptes; une autre avait poussé l'audace jusqu'à
se rendre au logis particulier du maire Euvrard « dans
l'intention de le meffaire ». Il était caché, heureusement, et il échappa.

C'en était trop ! Quand les membres de la municipalité surent que leur chef avait été menacé, quand
ils apprirent le sac de l'hôtel du Premier Président, ils
ouvrirent enfin les yeux et comprirent le danger de
leur inertie pour eux-mêmes. Lorsqu'ils virent les insurgés, non contents d'exercer des vengeances spé-
ciales, s'en prendre maintenant à tous ceux des hautes
classes, le Parlement attaqué, la Mairie en danger, la
Majesté royale gravement offensée, le pillage et l'incendie partout, ils songèrent alors à la résistance.

Il n'était que temps ! Machas était vraiment roi, roi

de la foule, roi de la ville, qui sait, peut-être plus encore. En effet, le bruit s'était répandu que les habitants de Beaune avaient massacré la Chambre des
Comptes siégeant alors chez eux, et que d'autres bonnes
villes, se soulevant, envoyaient des contingents armés
sur Dijon. Quelles forces allaient se trouver sous le
sceptre de Machas, et à quelle extrémité allait-on être
réduit le lendemain, si la journée s'achevait sans que
l'autorité redevint maitresse de la cité ?

Alors les esprits se reprirent, les courages s'éveillè-
rent, Euvrard rentra à la mairie, convoqua les échevins, appela les officiers des milices, et réunit en peu
de temps, dans les quartiers encore libres, des forces
suffisantes pour attaquer les émeutiers. Les paroisses
arrivèrent avec leurs troupes bien pourvues; les chefs
ordonnèrent les compagnies, se placèrent à leur poste
de combat, et, résolument, marchèrent sur l'insurrection. Le premier choc eut lieu rue du Pautet, avec la
bande qui venait de piller l'hôtel de Loisie. Les roule-
ments réglementaires de tambour furent battus, et les
sommations légales furent faites de mettre bas les armes. Les vignerons n'en tinrent nul compte. Les officiers commandèrent le feu. A la première décharge,
douze insurgés furent tués et une trentaine blessés. Le
reste ne tint pas pied. Aussi bien la lutte n'était pas égale

entre l'infanterie des paroisses, bien armée, bien équi-
pée, et ces malheureux qui n'avaient pas dix mousquets
entre eux tous, et ne brandissaient guère que quelques
mauvaises hallebardes, le plus grand nombre n'ayant
que des couteaux, voire même des pieux aiguisés.

En ce moment, Euvrard en personne abordait les
pillards de l'hôtel Legoux, vigoureusement, à l'arme
blanche et à coups de mousquets ; nombre d'entre eux
furent tués, blessés ou pris. Le reste, se défendant, lut-
tant pied à pied, fut refoulé jusqu'à la rue Saint-Philibert, quartier général de Machas. On tirailla encore
quelque temps avec ceux qui, grimpés sur les toits, lan-
çaient des briques ; mais, la nuit venant, on n'osa pas
tenter une attaque de vive force et s'exposer à des
pertes qui, dans un combat corps à corps, à travers
les ruelles et les maisons, pouvaient être fort sanglantes.
On bloqua le quartier. Il fut entouré d'une ceinture de
barricades, tandis que les rues voisines tendaient leurs
chaines et que des postes, avec sentinelles détachées,
veillaient à toutes les issues. — De leur côté, les
vignerons ne perdaient point de temps. Ils élevaient
partout des contre-barricades, mettaient leurs maisons en état de résister à une attaque, cherchaient des
armes, et faisaient franchir les remparts à leurs émis-
saires, qui allèrent, dans les faubourgs et les villages

voisins, réclamer le secours de leurs partisans. De part et d'autre on se préparait à une action sérieuse pour le lendemain.

Le marquis de Mirebeau, commandant de la garnison, n'était, comme on l'a vu, pas à son poste au début des événements. Il n'arriva que le soir. Il se rendit au château, prit le commandement de toutes les forces et tint un conseil de guerre pour assurer les dispositions de l'attaque. Mais le 1er mars, quand il s'agit de passer à l'action, l'on y regarda à deux fois ! Les insurgés, devant les préparatifs faits contre eux, annoncèrent qu'ils mettraient le feu aux quatre coins de la ville au premier coup de mousquet lâché, et que certains de leurs amis, disséminés un peu partout, dans les quartiers populaires, les aideraient dans cette besogne. Davant une pareille menace les partisans de l'ordre hésitèrent ; on ne bougea pas et l'on se contenta de garder les positions. On commençait même à parlementer, quand, vers les trois heures, un des pillards de la veille, charpentier de son état, qui avait été pris et emprisonné, parvint à s'échapper. On le poursuivit. Il réussit à atteindre une rue dont les habitants, prenant fait et cause pour lui, reçurent à coups de pierres les poursuivants. Un prodigieux tumulte s'éleva ; le marquis de Mirebeau accourut ; une décharge renversa quelques-uns des émeutiers, et ceux des leurs trouvés en ce quartier furent pris et désarmés.

On pouvait espérer que cet acte d'énergie mettrait fin à la résistance, et que les vignerons, voyant la fermeté de la répression, ne continueraient pas la lutte. Il n'en fut rien. Bien au contraire, ils firent savoir que si l'on ne relâchait pas immédiatement les prisonniers, ils allaient exécuter à l'instant leurs menaces d'incendie. Il serait naturel de penser que, devant une pareille audace, le marquis de Mirebeau allait amener son artillerie, jeter son armée sur les quartiers révoltés et avoir raison par la force de cette poignée d'enragés. Ce fut tout le contraire qui se produisit. La Chambre de ville s'interposa, mettant en avant la grande effusion de sang qui allait se produire entre enfants d'une même cité, les horreurs d'une guerre civile, dont l'issue, pour être certaine, n'en pouvait pas moins être beaucoup retardée.

Ces temporisations, cette timidité paraissent étonnantes au premier abord, mais elles s'expliquent aisément par ce fait que Machas et les autres meneurs, tout en se préparant à se bien défendre, avaient fini par annoncer que si on les poussait à bout, *ils parleraient!* — La crainte de leurs révélations refroidit bien des courages ! Messieurs du Parlement comprirent les premiers la situation et se prononcèrent pour un accommodement. Il se fit. Les prisonniers furent relâchés. On demeura de part et d'autre sous les armes, mais les hostilités cessèrent. La tranquillité se rétablissait peu à peu, et quelques jours se passèrent dans le calme, quand apparut soudain un autre danger que beaucoup avaient prévu et annoncé sans qu'on les écoutât.

Dès sa rentrée en ville, le marquis de Mirebeau avait envoyé un courrier au roi, alors à Troyes, pour l'informer de ce qui se passait. M. de Godier, écuyer de la maison royale, apporta la réponse. Elle était terrible! Louis XIII, emporté par une juste colère, englobait tous les habitants de la ville dans une même répression, les émeutiers pour leur révolte, et les autres pour avoir laissé la sédition s'élever sans avoir pris aucune mesure pour l'arrêter, « pour leur laisser aller, pour leur indifférence et leur manque de courage ». Il ordonnait que Dijon serait déchu de ses privilèges, que ses murailles seraient démolies, ses cloches descendues des clochers, et que de larges esplanades seraient faites de place en place en rasant les maisons, comme traces perpétuelles de l'infamie de la ville !

Un autre courrier vint en même temps que celui du roi, c'était un messager de M. de Bellegarde, porteur d'une dépêche concernant plus spécialement les magistrats municipaux. Le gouverneur ne parlait de rien moins que de les considérer comme complices de l'émeute s'ils n'en recherchaient et n'en poursuivaient immédiatement les auteurs !

On était déjà au 8 mars, le calme renaissait un peu, et tout le monde n'aurait pas mieux demandé que d'en rester là, de s'unir tous ensemble, innocents et coupables, pour fléchir la colère du roi. La dépêche de M. de Bellegarde remit tout en question. Une fièvre militaire saisit la ville, où chacun pensait, par un zèle extrême, quoique tardif, se faire pardonner les fautes passées. Les sept bataillons de la milice bourgeoise réoccupèrent leurs positions. Les barricades furent relevées, les rondes reprirent, les sentinelles furent posées. Messieurs du Parlement, en armes, conduisaient eux-mêmes les patrouilles, et Messieurs du clergé, ne restant pas en arrière, prirent le harnois de guerre ! Tout cela au grand amusement des militaires de profession, dont l'un nous a laissé, dans une lettre écrite alors de Dijon, un pittoresque récit de ces événements.

« De peur, dit-il, que les vignerons ne fissent
« rumeur, on a fait enlever les coupables des prisons,
« on a renouvelé le corps de garde toutes les nuits, et,
« par ordonnance publique, obligé tous les ecclésiasti-

« ques exempts ou non exempts, séculiers et réguliers,
« avec bâtons ferrés, de s'y trouver en personne. C'est
« donc plaisir, tous les soirs, de voir entrer ces francs
« champions en garde ! — Dimanche dernier, le doyen
« de la Sainte-Chapelle marchait en tête, avec la pique
« et le hausse-col, suivi d'un rang de mousquetaires
« composé de quatre chanoines, avec des baudriers,
« l'espadon, la bandolière, le mousquet, la fourchette,
« et le chapeau retroussé avec la plume noire ; suivi
« d'un autre rang de chanoines de Saint-Étienne,
« ceux-là de quatre moines de Saint-Bénigne, et ceux-
« ci de sept ou huit files de prêtres habitués dans les
« paroisses ; et, pour l'arrière-ban, de deux jésuites en
« manteau court, et soutane retroussée, avec chacun
« un brin d'estoc rouillé dès le temps que le conné-
« table de Castille vint au secours de feu Monseigneur
« du Maine. Deux bons pères de l'Oratoire venaient
« après, l'un avec la hallebarde, et l'autre avec le
« mousquet ; l'escouade était fermée de trois pères
« carmes réformés, avec la bandolière verte, le cou-
« telas pendant, et le mousquet, leurs habits relevés
« à la ceinture.

« Pour la faction, voici ce qui s'y passa : chacun fit
« sentinelle à son tour, et on remarqua que le père de
« l'Oratoire, au lieu de dire : « Qui va là ? » aux

« passants, disait, d'un tordion de tête à la mode,
« avec un sourire : « Monsieur, ou Madame, je vous
« supplie, pour l'amour de Notre-Seigneur, demeurez
« là, s'il vous plait, en attendant que j'aie averti
« Monsieur le caporal, car ainsi me l'a-t-on ordonné. »
« Puis, laissant son poste, il venait à pas comptés au
« corps de garde dire : « Monsieur le caporal, s'il
« vous plait de venir là, quelqu'un désire de passer! »

« Au reste la plupart sont si bien duits de ça aux
« exercices de Mars, qu'un cordelier menant sa ronde,
« au moindre arrêt qu'une sentinelle lui fit, dit le mot
« tout haut afin de passer. D'autres équivoquent au
« mot, et au lieu de saint Luc, disent saint Jacques,
« ce qui, le plus souvent, les met au terme de se cou-
« per la gorge! Voilà où les vignerons nous ont
« réduits! Etc., etc... »

A côté de ces guerriers fantaisistes, le marquis de
Mirebeau et ses troupes parcouraient sans cesse la
ville et faisaient bonne garde. Mais cette seconde prise
d'armes n'amena aucune collision sanglante. Tout se
borna à des perquisitions et à l'arrestation plus ou
moins violente d'une douzaine de vignerons et de
petits artisans notoirement connus pour avoir pris
part à l'émeute. Menu fretin, gens de peu, n'ayant
rien à perdre, qui s'étaient mêlés aux événements sans

trop les comprendre, et avaient pourtant donné courageusement de leur personne. Comme toujours c'étaient ceux-là les convaincus, les égarés, les chimériques, qui devaient payer pour les autres. Quant aux meneurs et à leur généralissime, Anathoire Changenet, le roi Machas, on ne les trouva pas. Ils n'avaient point commencé la campagne sans assurer leur retraite. Tenus très au courant de ce qui se préparait contre eux par des personnages plus intéressés qu'eux-mêmes à ce qu'ils ne subissent point la question, ils s'étaient mis à couvert bien avant le commencement des perquisitions, par une prompte fuite, sur les terres de l'Empire, probablement.

Le procès des émeutiers arrêtés fut mené vivement, suivant la coutume du temps ; plus vite encore, car Messieurs du Parlement avaient hâte de donner des preuves d'une activité qui pourrait leur être comptée lors du règlement de l'affaire par le conseil du roi. — Deux pauvres diables, Pierre Mutin, dit Meingot, vigneron, et Jean de Saunois, pelletier, furent condamnés à être, « par l'exécuteur de la haute justice, tirés des prisons dans un tombereau, en chemise, tête et pieds nus, la hart au col, et au-devant de la grand'porte du palais, à genoux, tenant chacun une torche ardente du poids de deux livres, faire amende honorable, crier merci à Dieu, au roi et à la justice, et de là conduits au champ du Morimont, pour y être pendus et étranglés, leur corps mis en quatre quartiers, et chacun d'iceux attachés à une potence, aux avenues des quatre portes de la ville, et leurs biens confisqués. » Changenet-Machas, lui, fut condamné au supplice de la roue, par contumace, bien entendu ! D'autres meneurs, qui avaient eu la maladresse de se laisser prendre, furent, après une détention de quelques semaines, « relâchés faute de preuves suffisantes », comme cela se devait, et sans être passés par la question.

A la Cour, on prit très mal les choses. Il faut dire que les événements, comme toujours, avaient été grossis par la distance. Amplifiés par cette sorte de gens dont l'espèce a été de tout temps nombreuse et vivace, qui prennent plaisir à l'exagération des mauvaises nouvelles, les faits avaient été présentés au roi sous le jour le plus défavorable. Au premier moment, la Cour ne parlait de rien moins que d'envoyer à Dijon deux régiments, de saisir le maire et deux échevins pour les mener pendre, et de saccager la ville de telle façon que le souvenir ne s'en perdit jamais !

Les Dijonnais épouvantés songèrent tout de suite, naturellement, à dépêcher au roi quelqu'un qui sût fléchir son courroux. Ils eurent la main heureuse dans le choix du député qu'ils envoyèrent près de lui à Fontainebleau. Ce fut l'échevin Grazillier, âme ferme, homme courageux, d'une tenace énergie, qui ne se laissa pas décontenancer par l'accueil qu'il reçut. Louis XIII refusa de l'entendre; il tint bon, demeura dans la salle, à portée du roi, attachant ses yeux sur les siens, tant et si bien que celui-ci finit par lui envoyer l'abbé d'Oigny pour lui expliquer la cause de son refus d'audience. Elle n'était que trop compréhensible : Louis ne voulait rien entendre parce qu'il n'admettait pas l'inertie des Dijonnais, qui auraient pu arrêter la sédition en quelques heures, et qui avaient laissé, par leur faute, la situation en venir au point d'irréparable gravité qu'elle avait atteint. Il fallait donc que la ville tout entière, magistrats et habitants, eût pactisé avec l'émeute, c'était impardonnable !

A la fin, Grazillier fut reçu par M. de la Vrillière, qui fut moins inexorable et qui admit quelques excuses. — De Fontainebleau, le député alla à Paris, voir le duc de Bellegarde, tandis qu'un nouvel envoyé des Dijonnais, l'avocat Guillaume, le remplaçait à Fontainebleau, pour y entretenir le mouvement favorable commencé par Grazillier. Ils firent si bien tous deux, qu'ils surent bientôt de source certaine que le courroux du roi s'apaisait par degrés, et que les terribles menaces proférées contre Dijon ne seraient pas exécutées. Ils jugèrent alors qu'ils devaient voir Louis XIII en personne, et, comme il venait de partir pour l'Italie, ils le rejoignirent à Troyes, où ils amenèrent avec eux le célèbre avocat Jacques Fèvret, pour plaider la cause de la ville.

Ils obtinrent audience. La députation se jeta aux genoux du roi, et Fèvret prit la parole. Il plaida la soudaineté de la révolte, que rien n'avait pu faire prévoir, le peu d'apparence qu'il y avait eu d'abord que les choses prissent mauvaise tournure, la difficulté d'une répression immédiate. Puis il fit appel à la clémence du roi, en le conjurant « de séparer les bons d'avec les méchants, et de ne point envelopper dans son indignation les innocents avec les coupables ! »

Louis répondit avec une certaine sévérité : « Si vous « aviez fait au commencement ce que vous avez fait à la « fin, vous eussiez maintenu mon autorité et vos per- « sonnes en sûreté. Néanmoins j'accepte en très bonne « part les offres que vous me faites de votre obéissance « et fidélité ; en ce faisant, vous pouvez vous assurer de « mon affection. » Puis il envoya un de ses propres courriers annoncer à Dijon la façon dont il avait reçu les envoyés. — Il n'était que temps là-bas de recevoir ces bonnes nouvelles ! Depuis un mois les gens y passaient par de cruelles alternatives. Les récits les plus contradictoires se faisaient sur les intentions du roi et de son conseil. Chaque jour on attendait pour le lendemain l'exécution des menaces de destruction de la ville, et la tension des esprits en était venue à ce point, dit un témoin, que beaucoup eussent préféré les horreurs du châtiment aux angoisses de l'attente !

Un mois après, le roi vint en personne à Dijon, et régla lui-même le cérémonial de son entrée. Il ne ressemblait guère à celui de 1629 ! Il ordonna, avant son arrivée, de transporter au château l'artillerie de la place, d'expulser tous les vignerons dans les villages environnants, de faire comparaître par devant lui au moins cent cinquante des notables habitants pour demander le pardon de la ville, de confier le service des portes et de l'ordre à sa propre garde, défendant que l'on fit aucune réjouissance. — Il entra le 27 avril, et, le 28, il tint l'audience royale dans la salle des gardes du Palais des Ducs. Son trône fut posé sur une estrade élevée de trois degrés ; autour de lui se rangèrent son Garde des Sceaux, Marillac, son Conseil et toute sa Cour. Alors Bellegarde introduisit les Dijon-

nais suppliants. Ils s'agenouillèrent devant le trône, et l'autre Fèvret, l'illustre avocat Charles, frère de celui qui avait été à Troyes, prononça la défense de la ville. « Sire, commença-t-il, nos esprits sont saisis
« d'un tel étonnement, qu'à peine trouvons-nous en
« nous-mêmes l'usage de la raison, et nos langues, à
« demi muettes, semblent nous dénier l'exercice et les
« fonctions de la parole. Tout ce que nous apercevons
« de l'œil intérieur de la pensée se réduit au triste
« objet de nos misères, et de quelque côté que se
« transporte notre imagination, elle trouve toujours
« le penchant d'un affreux précipice ! etc... » Il terminait par un pressant appel à la clémence du roi.
Celui-ci répondit sèchement : « La faute que vous avez
commise est très grande, mais je n'ai pas voulu exercer toutes les rigueurs qu'elle méritait. M. le Garde
des Sceaux vous dira ma résolution. »

Marillac prit la parole. Il fut long, mais surtout il
fut dur. Il prit à partie les magistrats de la ville, et les
mena rudement. « Vos envies, vos rancunes, vos
« partialités sont les vraies causes du mal, leur dit-il.
« Vous avez vu venir le mal, et y avez pu pourvoir, et,
« ne l'ayant pas fait, vous êtes coupables de ce qui
« en est arrivé. Vous n'êtes pas aux charges publiques
« pour recevoir des révérences et des salutations de

« vos concitoyens et jouir des exemptions; vous y
« êtes pour garder vos concitoyens même au péril de
« vos vies, et quand vous ne pourriez empêcher le
« mal qu'en vous exposant au péril, vous êtes coupa-
« bles si vous ne le faites ! » — Cette mercuriale se
terminait par la déclaration et la condamnation sui-
vantes : « Sa Majesté, ayant égard aux témoignages de
« regret exprimés par les habitants, leur pardonne, et
« remet le crime de la sédition, en exceptant toutefois
« les fauteurs principaux. » Elle révoque neuf des officiers des paroisses, ordonne leur remplacement par un
mode nouveau ; réduit le corps de ville à un maire ;
se réserve le choix du maire pendant cinq ans ; interdit
aux vignerons de demeurer dans l'intérieur de la ville;
ordonne que la tour Saint-Nicolas sera abattue jusqu'à
la hauteur du bastion qu'elle commande; rend à la
ville ses pièces d'artillerie, moins celles du calibre
royal ; condamne enfin la ville aux dommages intérêts
envers les victimes de la sédition.

Ces condamnations furent exécutées avec une
extrême rigueur. Tout ce qu'obtint la ville, ce fut,
après avoir plaidé sur le quantum, avec les proprié-
taires des immeubles pillés et incendiés, d'obtenir
quelques délais pour le versement des indemnités.
Dijon eut, à cette occasion, le coûteux honneur de voir

appliqué à ses dépens, pour la première fois en France, le principe que devait consacrer, un siècle et demi plus tard, la loi du 10 vendémiaire an IV sur la responsabilité des communes relativement aux dégâts causés par leurs habitants en cas de troubles et d'émeutes. — La leçon fut sévère ! Elle porta ses fruits, car depuis 1630, jamais plus la tranquillité ne fut ainsi troublée dans la paisible cité bourguignonne.

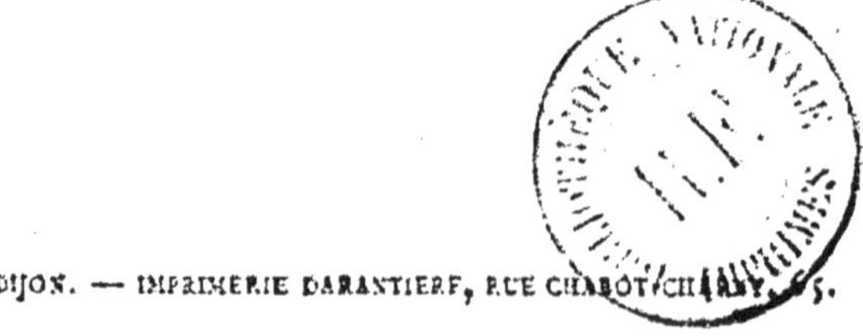

DIJON. — IMPRIMERIE DARANTIERE, RUE CHABOT-CHARNY, 65.